Juan Clemente Zenea

Poemas

Barcelona 2024
Linkgua-ediciones.com

Créditos

Título original: Poemas.

© 2024, Red ediciones S.L.

e-mail: info@linkgua.com

Diseño de la colección: Michel Mallard.

ISBN rústica ilustrada: 978-84-9007-514-2.
ISBN tapa dura: 978-84-1126-730-4.
ISBN rústica: 978-84-96290-45-7.
ISBN ebook: 978-84-9897-910-7.

Sumario

Brevísima presentación

La vida

Juan Clemente Zenea (24 de febrero de 1832-25 de agosto de 1871). Cuba.

Era hijo de un teniente español y de una hermana del poeta cubano José Fornaris. Estudió en una escuela privada de Bayamo, ciudad del oriente de Cuba. En 1845 se fue a vivir a La Habana, donde ingresó en el colegio El Salvador, de José de la Luz y Caballero. Y hacia 1846 publicó sus primeros poemas en *La Prensa*, periódico del que llegó a ser redactor en 1849. Un folletín suyo aparecido en esta publicación durante una semana santa provocó que el Obispado pretendiese excomulgarlo. Sin embargo, su padre publicó una carta de retractación que le hizo firmar y fue perdonado.

Por entonces es amante de Adah Menken, poetisa y actriz norteamericana llegada a La Habana con una compañía de Nueva Orleans.

En 1852 se fue a vivir a Nueva Orleans. En esa ciudad continuó su affaire con Adah Menken, se afilió al club El Orden de la joven Cuba y colaboró en *El Correo de Luisiana*, *El Independiente* y *Faro de Cuba*, en el que aparecieron sus campañas contra el gobierno español.

Más tarde en Nueva York, perteneció a la sociedad La Estrella Solitaria y escribió propaganda anexionista en *La Verdad*, *El Filibustero*, y *El Cubano*.

Juan Clemente Zenea fue condenado a muerte en 1853 en La Habana, pero tras una amnistía general pudo regresar al año siguiente a dicha ciudad, donde vivió más de diez años con excepción de un viaje a Estados Unidos en 1856.

En 1865 regresó a Nueva York. Allí se arruinó en actividades mercantiles fracasadas. Colaboró en *La Voz de América* y dirigió la *Revista del Nuevo Mundo*. Invitado por Pedro Santacilia vivió en México, donde fue redactor del *Diario Oficial*. Al comenzar la revolución cubana en 1868, se marchó a Estados Unidos. Participó en las fracasadas expediciones del Catherine Whiting y el Lillian; redactó el periódico *La Revolución*, que fundó junto a Néstor Ponce de León; colaboró en *El Mundo Nuevo*, y *América Ilustrada* y dio conferencias en el Ateneo Cubano de Filadelfia.

En 1870 Zenea viajó clandestinamente a Cuba en circunstancias ambiguas, tenía dos propósitos; uno obtener información para la Junta Cubana de Nueva York, y otro proponer a los insurrectos, a nombre del gobierno español, la autonomía a cambio de la capitulación. Cuando intentaba regresar a Estados Unidos, tras una infructuosa entrevista con Carlos Manuel de Céspedes, presidente de la República en Armas, fue detenido por una columna española. Fue fusilado tras permanecer ocho meses incomunicado en la fortaleza de La Cabaña, en La Habana. Juan Clemente Zenea dejó inéditas *Jaquelina y Reginaldo*, novela escrita en verso; *La azucena del valle*, leyenda en verso escrita en colaboración con José Agustín Quintero y una edición crítico-bibliográfica de las poesías de José María Heredia.

Poemas

En un álbum

Tú vas hacia una orilla
de donde triste vengo,
lo que tú buscas ahora
es ¡ay!, lo que yo dejo!
Tú vas a ver un alba
que baña de oro el cielo,
y yo a ver un Sol mustio
que ya se está poniendo.
Tú vas a sembrar flores
en fértiles terrenos;
yo voy a alzar mi tienda
en áridos desiertos.
Vas a lanzar tu barca
sobre un océano inmenso;
vas a aplicar al labio
la copa de los sueños.
¡Que duerma entre las velas
la cólera del viento,
que amor rompa las ondas
al golpe de sus remos!
¡Que, como yo, no tengas
que suplicar al cielo;
que encuentres, ¡ay!, almíbar
donde yo hallé veneno!

Ausencia

Desde el instante que nubló la ausencia
el luminoso Sol de tu hermosura,
está mi triste corazón enfermo,
rota mi lira y mi garganta muda.
¡Ay! ¡Cuántas horas al presente corren
en el imperio de la noche adusta,
sin que alumbre tu mano entre la mía
el rayo amarillento de la Luna!
¡Cuántas veces, Fidelia encantadora,
trémula y vacilante y sin ventura,
hablabas a mi lado enternecida
de un beso, de un suspiro y de una tumba!
Grato el recuerdo de tu amor constante
por mi memoria solitaria cruza,
como en las tardes por desiertas playas
la gaviota cansada y vagabunda.
¡Pobre de ti que en el dolor naciste
bajo el cielo poético de Cuba,
tímida como el ave de los bosques,
bella como la flor de las lagunas!
Jamás infiel a tu promesa un día,
mis sueños de tristeza y de ventura
cambiar pudiste mentirosa y falsa
por negro afán y punzadora duda.
Siempre tú fuiste igual, siempre constante;
pródiga en tu cariño y tu ternura,
cuidaste no turbar la paz de un alma
a quien la ofensa más ligera turba.
Lamentaciones de dolor me inspira

hender la mar de mi existencia oscura
sin que me esperes en la orilla opuesta
y a otro mundo más bello me conduzcas.
Dos aves detenidas en un ramo,
cantando glorias y caricias mutuas,
al áspero silbido de las balas
nos fue preciso comenzar la fuga.
¡Mas yo te adoro; el corazón ardiente
tu imagen guarda en su interior oculta,
y está mi pecho con tu ausencia opreso,
rota mi lira y mi garganta muda!

Fidelia

«Et dans chaque feuille qui tombe
Je vois un présage de mort.»
Milllvoye.

¡Bien me acuerdo! ¡Hace diez años
y era una tarde serena!
¡Yo era joven y entusiasta;
pura, hermosa y virgen ella!
Estábamos en un bosque,
sentados sobre una piedra,
mirando, a orillas de un río,
como temblaban las hierbas.
¡Yo no soy el que era entonces,
corazón en primavera,
llama que sube a los cielos,
alma sin culpas ni penas!
¡Tú tampoco eres la misma,
no eres ya la que tú eras;
los destinos han cambiado:
yo estoy triste y tú estás muerta!
La hablé al oído en secreto
y ella inclinó la cabeza;
rompió a llorar como un niño
y yo amé por vez primera.
Nos juramos fe constante,
dulce gozo y paz eterna,
y llevar al otro mundo
un amor y una creencia.
Tomamos, ¡ay!, por testigos

de esta entrevista suprema,
unas aguas que se agotan
y unas plantas que se secan;
nubes que pasan fugaces,
auras que rápidas vuelan,
la música de las hojas
y el perfume de las selvas.
No consultamos entonces
nuestra suerte venidera,
y en alas de la esperanza
lanzamos finas promesas;
no vimos que en torno nuestro
se doblegaban enfermas,
sobre los débiles tallos,
las flores amarillentas;
y en aquel loco delirio
no presumimos siquiera
que yo, al fin, me hallara triste,
¡que tú, al fin, te hallaras muerta!
Después, en tropel alegre,
vinieron bailes y fiestas,
y ella expuso a un mundo vano
su hermosura y su modestia.
La lisonja que seduce
y el engaño que envenena,
para borrar mi memoria
quisieron besar sus huellas;
pero su arcángel custodio
bajó a cuidar su pureza,
y protegió con sus alas
las ilusiones primeras;
conservó sus ricos sueños

y, para gloria más cierta,
en el vaso de su alma
guardó el olor de las selvas,
guardó el recuerdo apacible
de aquella tarde serena;
mirra de santos consuelos,
áloe de la inocencia...
¡Yo no tuve ángel de guarda
y, para colmo de penas,
desde aquel mismo momento
está en eclipse mi estrella;
que en un estrado, una noche,
al grato son de la orquesta,
yo no sé por qué motivo
se enlutaron mis ideas;
sentí un dolor misterioso,
torné los ojos a ella,
presentí lo venidero:
me vi triste y la vi muerta!
Con estos temores vagos
partí a lejanas riberas,
y allá bañé mis memorias
con una lágrima acerba.
Juzgué su amor por el mío,
entibiose mi firmeza,
y en la duda del retorno
olvidé su imagen bella.
Pero al volver a mis playas,
¿qué cosa Dios me reserva?...
¡Un duro remordimiento
y el cadáver de Fidelia!
Baja Arturo al Occidente

bañado en púrpura regia,
y al soplar del manso Alisio
las eolias arpas suenan;
gime el ave sobre un sauce,
perezosa y soñolienta;
se respira un fresco ambiente,
huele el campo a flores nuevas;
las campanas de la tarde
saludan a las tinieblas,
y en los brazos del reposo
se tiende naturaleza...
¡Y tus ojos se han cerrado!
¡Y llegó tu noche eterna,
y he venido a acompañarte
y ya estás bajo la tierra!...
¡Bien me acuerdo! Hace diez años
de aquella santa promesa,
y hoy vengo a cumplir mis votos,
y a verte por vez postrera.
Ya he sabido lo pasado...
Supe tu amor y tus penas,
y hay una voz que me dice
que en tu alma inmortal me llevas.
Mas... lo pasado fue gloria;
pero el presente, Fidelia,
el presente es un martirio:
¡yo estoy triste y tú estás muerta!

En Greenwood

(Camposanto de Nueva York)

Al lado de estas aguas silenciosas,
en medio de este bosque, en este asilo,
debajo de estas gramas y estas rosas,
es donde quiero reposar tranquilo.
¡Y pronto debo reposar! Mis días
se tiñen ya de pálidos destellos,
y anuncian mis postreras alegrías
las nieves de la vida en los cabellos.
Mas, ¿qué será si en las nocturnas calmas
salgo a vagar como las sombras suelen,
y en vez de hallar mis quejumbrosas palmas
los sauces solo de mi afán se duelen?
¡Oh!, ¿qué será si en honda pesadumbre,
sentado a meditar sobre la losa,
suspiro por mi pueblo en servidumbre
y el cielo busco de mi Cuba hermosa?
¡Tormentoso será! Mas si tardío
nace a brillar el Sol de mis anhelos,
cabe la orilla del paterno río
llevadme a descansar con mis abuelos.
Y allí donde mi cuna en hora amarga
al capricho meció voluble suerte,
dejadme al fin depositar la carga
y dormir en el seno de la muerte!

Nocturno

Noche tempestuosa
(A Nicolás Azcárate)

Murió la Luna; el ángel de las nieblas
su cadáver recoge en blanca gasa,
y en un manto de rayos y tinieblas
el Dios del huracán envuelto pasa.
Llueve y torna a llover; el hondo seno
rasga la nube en conmoción violenta,
y en las sendas incógnitas del trueno
combate la legión de la tormenta.
¡Qué oscuridad! ¡qué negros horizontes!
¡Hora fatal de angustias y pesares!
¡Ay, de aquellos que viajan por los montes!
¡Ay, de aquellos que van sobre los mares!
¡Cuántos niños habrá sin pan ni techo
que se lamenten de dolor profundo!
¡Cuánto enfermo infeliz sin luz ni lecho!,
¡cuánta pobre mujer sola en el mundo!
Salta preñado el río sobre el llano
y amenaza a los buenos labradores,
y encuentran los insectos un océano
en el agua que rueda entre las flores.
Cansado el marinero se arrodilla
en la cubierta del bajel errante,
y en vano busca en la lejana orilla
el faro salvador del navegante.
¡Qué triste noche! Y en mi hogar, en tanto,
todo en el orden y en la paz reposa;
duerme mi niña en su silencio santo,

y se entretiene en su labor mi esposa.
Sentimos ella y yo las agonías
que sufre el hombre de diversos modos;
me acuerdo yo de mis revueltos días,
y nos ponemos a rogar por todos.

Segundas nupcias

El soldado fue a la guerra
a triunfar o perecer,
y dejó en lejana tierra
sus hijos y su mujer.
A los primeros reveses
murió en rudo batallar,
y al cabo de cinco meses
hubo nupcias en su hogar.
Roto el lazo de constancia,
su esposa, ardiendo en pasión,
a un amigo de la infancia
entregó su corazón.
Y hubo canto y regocijos,
y en las fiestas del hogar
solo el mayor de los hijos
se puso triste a llorar.

Oriente y ocaso

Vamos a la arboleda,
que el Sol asoma
y es lindo un rayo de oro
sobre las hojas.
Aunque no extraño nunca
luz de la aurora,
porque en tus ojos bellos
la luz me sobra.
Vamos junto a la fuente
para que duermas
y que sueñes conmigo
toda la siesta;
porque no te despierte
voz de mis penas,
yo beberé en silencio
lágrimas tiernas.
Vamos al banco verde
que está en el valle,
porque a pensar nos llama
fresca la tarde...
¡No acojas mis suspiros
en este instante,
que los mando en el viento
para mi madre!
Vamos donde los sauces
gimiendo anuncian
que desde el golfo sube
la blanca Luna;
allí la eterna dicha,

del mundo oculta,
nos aguarda risueña
sobre una tumba.

Recuerdo

Cuando emigran las aves en bandadas
suelen algunas, al llegar la noche,
detenerse en las costas ignoradas
y agruparse de paso a descansar.
Entonces dan los ánades un grito,
que repiten los ecos, y parece
que hay un Dios que responde en lo infinito
llamando al hijo errante de la mar.
Tal es un alma enferma y afligida
cuando vienen las penas; se recogen
los últimos esfuerzos de la vida,
las últimas memorias del amor.
Y en medio de sus duros desengaños
se sienta el hombre a reposar a solas,
le da un adiós a los primeros años
y cuenta a los que pasan su dolor.
¡Ay los primeros años! ¡Ay aquellos
tiempos de gloria y de aventuras locas,
en que eran de azabache los cabellos
y gemelas la dicha y la ilusión!
¡Oh dulce juventud! ¡Si Dios quisiera
vestir de nueva pompa el árbol mustio
y hacer resucitar la primavera,
y otra vez calentar el corazón!
Mas ¿de qué me valdrá la savia ardiente
de la edad del placer si, al marchitarse
las verbenas en flor sobre su frente,
transformose la virgen en mujer?
Todo puede tornar, que todavía

latente el fuego entre cenizas queda,
solo la fe que en tu pasión tenía
no puede nunca al corazón volver.

Retorno

Yo andaba suspirando, lloroso y vagabundo
en pos de una esperanza difícil de alcanzar,
soñando con un cielo, viviendo en otro
  mundo,
cual viven en los aires los pájaros del mar.
Pensé cuánto era bello querer y ser querido,
y al lado de una hermosa cantar y sonreír,
en gratas confidencias hablarnos al oído,
un beso y otro beso temblando repetir.
Soñé tener un seno que en horas de fatiga
templase de mis sienes el incesante ardor,
tener entre mis manos la mano de una amiga,
ser dueño del perfume que brota de una flor.
Ansié pulsar el arpa, y en emoción secreta
decir en suaves notas las penas que sufrí,
cantar como cantaba sus salmos el poeta
al pie de un sicomoro del árido Engadí.
Al fin hallé en tus ojos la luz que ambicionaba,
relámpagos de vida, centellas de placer,
la miel que en unos labios un ángel me guar-
  daba
la encarnación de un sueño, la voz de una
  mujer.
Tú fuiste, en tal momento, mi pálida y mo-
  desta
estrella que asomaba detrás de un nubarrón;
de un lago de aguas limpias, en la ribera
  opuesta,

en medio de los bosques, campestre habita-
  ción.
Y debate la dicha de haberte hallado el día
en que la tierra patria torné contento a hollar,
cuando a la vez juzgaba que nadie me quería
y traje enferma el alma de allende de la mar.
¡Transcurren desde entonces mis horas tan se-
  renas
que a mi versátil suerte le pido por favor
conserve el santo fuego que corre entre mis
  venas,
que aliente y eternice tu bendecido amor!

Las sombras

Oíd. Ese suave acento,
ese solemne murmullo
es el canto de la tarde,
es la voz de los sepulcros.
Desde el seno de la Luna,
envuelto en manto de luto,
el ángel de los poetas
a llorar desciende al mundo.
Los espíritus del lago
navegan en los nelumbios,
y abren sus alas de rosa
a los céfiros nocturnos.
Arpa sonora del monte,
la palma, entona un susurro,
y al blando peso del ave
su rama encorva el arbusto.
Por los cármenes del río
vago pensativo y mustio,
y entre el follaje del bosque
blancos fantasmas descubro.
¡Ah!, ¿quiénes son esos tristes?...
¡Mis compañeros de estudio,
las sombras de mis amigos
que salen de los sepulcros!

Por la tarde

Solitario y abatido,
abandonado y enfermo,
tengo una lágrima triste
para bañar tu recuerdo.
Al través de los cristales
morir la tarde contemplo,
y al cantar la golondrina
pensando en ti me consuelo.
Miro al pie de los nogales,
encima del alto cerro,
el pastor que a breves pasos
va meditando y sonriendo.
Oigo el canto melodioso
de las damas del colegio,
y los acordes del piano
que se esparcen por el viento;
Mientras un poco distante,
junto a la puerta del templo,
indiferente transita
el tranquilo pasajero.
Fijo a mi redor la vista,
todo lo estudio y observo,
pero nada en este instante
me presta entretenimiento.
Solo tu imagen hermosa
se aparece con misterio,
y en mi corazón revive
un amor que está en silencio;
Un amor al que sostienen,

después de muy largo tiempo,
entre las penas más tristes
los más deliciosos sueños.

Diario de un mártir

I   Gracias
      Si después que yo muera,
     al hogar de un amigo
     mi huérfana infeliz y pordiosera
     llega implorando protección y abrigo;

      y albergue hospitalario
     encuentra en sus desgracias,
     yo saldré del sepulcro solitario
     y al buen amigo le daré las gracias.

II   El 15 de enero
     ¡Ah, cuántas veces! —¡Una vida entera!—
           Al llegar este día,
     despertaba mi hermosa compañera
     sonriendo de esperanza y de alegría.

     Era que entonces recordaba, cuando
     rendida el alma ardiente,
     en una hora feliz puse temblando
     la corona nupcial sobre su frente.

     Y hoy, al abrir sus ojos, ¡qué amargura!
     ¡Oh! ¡Cómo habrá sufrido!
     al comparar su inmensa desventura
     con las delicias del placer perdido.

     En bello porvenir albas hermosas
     yo tierno le anunciaba

y al renovar los lirios y las rosas
incienso y mirra en el altar quemaba.

Era todo placer, fiesta solemne.
Y un ángel Dios quería
que encendiese la lámpara perenne
que ante la imagen de mi amor ardía.

Nunca turbamos con el ceño adusto
la paz del sentimiento;
y nos bastaban para dicha y gusto
modesta casa y corazón contento.

La postrera ocasión que así nos vimos,
libre el alma de engaños,
en el gozo habitual nos prometimos
saludar el mejor de nuestros años,

y así seguir sin vanidad ni orgullo,
cuidados ni temores,
viendo el tiempo correr sin un murmullo
como un agua que corre entre las flores,

y al apagar la juventud su fuego,
ver en tarde callada
el tibio sol de la vejez... y luego
su tumba al lado de mi tumba helada.

Y soñamos al fin de humanas cuitas.
Dos cruces y dos losas;
sobre mi cruz humildes margaritas,
sobre su cruz fragantes tuberosas.

Mas no vimos al ver tantas bondades
y bendecir al cielo,
las aves que presagian tempestades
tras nuestra barca en fugitivo vuelo.

Y llegó la tormenta: —se ennegrecen
los densos nubarrones;
las olas con las olas se enfurecen,
silban y braman rudos aquilones;

¡y nos hunden, mi bien, hados impíos
en un momento aciago!
¡Y en el revuelto mar, yo con los míos
en esta noche de dolor naufrago!

III   Hasta el cielo
Cesaron, ¡oh mi Dios!, las alegrías
del amor terrenal con sus anhelos.
Y ya empezaron a correr los días
del santo amor que seguirá en los cielos.

Conmigo seguirá, si por los vagos
espacios de la tumba, en paz y calma
navega el hombre en bonancibles lagos,
y un viaje inmortal emprende el alma.

Y ¡oh! nunca borre caprichosa suerte
la imagen ¡ay! que tu memoria encierra;
para amarte en el seno de la muerte
como tú me amarás desde la tierra.

Pero si quieres despertar mis celos,
y ni en tu mente alguna vez me nombras,
en la homérica selva de asfodelos
irá mi sombra a atormentar las sombras.

Mas no me olvidarás —que no se olvida
una como la nuestra, larga historia;
¡y al decirnos adiós en esta vida
nos dijimos adiós hasta la gloria!

IV   Ayer y hoy
Con su voz infantil, voz deliciosa
que vibra en mis oídos todavía,
al llover de la nieve silenciosa
libros de cuento mi Piedad leía.

Al pie de la caliente chimenea
yo al ver su rostro satisfecho estaba;
y mi santa mujer, ¡bendita sea!,
allí a su lado en su labor pensaba.

Ayer así nos contemplaba el cielo;
y hoy en mi hogar las desventuras moran,
ellas suspiran en extraño suelo
y mi destino y mi tormento ignoran.

Y yo al recuerdo de mis horas bellas
no se si viven mientras yo no muero;
¡y aquí pensando sin cesar en ellas
el fin del drama en la prisión espero!

V   ¡Entonces!

¡Oh! ¡Qué grato sería
libre y feliz sin pesadumbre alguna,
con la adorada mía
por la floresta umbría
vagar al rayo de esta blanca luna!

¡Y orillas de la fuente
ver la niña soltar sus trenzas blondas
al aromado ambiente,
y el agua transparente
con su imagen jugar sobre las ondas!

Y no con tanto anhelo,
harto el herido corazón de quejas
y amargo desconsuelo,
¡un pedazo de cielo
ponerme a mendigar desde las rejas!

¡Oh! ¡Cuántas, dueño amado,
noches tan llenas de esplendor, tan bellas,
en tiempo afortunado
los dos hemos pasado
al trémulo brillar de las estrellas!

Del espacio, señora,
con sus dardos de plata perseguía
eterna viajadora
la Diana cazadora
nube tras nube en la región vacía.

Contaba sus dolores
el ruiseñor a los favonios leves,

nos daban sus olores
las tempranas flores,
y un fresco soplo las postreras nieves.

¡Y la suerte entre tanto
pensaba convertir en un lamento
el armonioso canto
trocar la risa en llanto
y el gozo puro en sin igual tormento!

VI ¡Quién entonces creyera
que tan pronto, mi bien, gimiendo a solas
de mi fiel compañera
separado me viera
por dura cárcel y profundas olas?

Y ¿quién pensar podría
que la ilusión del porvenir risueño,
en no lejano día
volando pasaría
como una sombra en fugitivo sueño?

¿Y éstas son las hermosas
albas del porvenir? —¡Delirio insano!
¡Ay mis lirios y rosas!
¡Oh dichas engañosas!
¡Oh breves gozos del amor humano!

¡Qué alegre y bella estaba
mi compañera, la adorada mía,
cuando la nave a Veracruz llegaba,
y al asomar el día

en el fondo del cielo el Orizaba
su túnica imperial desenvolvía!

Columbrábanse apenas,
al borde de las playas inseguro
las fajas de las tórridas arenas;
y en el confín oscuro
de la heroica ciudad torres y almenas
y en un penón el artillado muro.

Después —¡oh cuadro hermoso!—,
preñadas nubes en su ruda espalda
sustenta el Chiquihuite portentoso;
y en su risueña falda
despliega el Aculcingo generoso
su rica vestidura de esmeralda.

Naturaleza adula
el valle en donde en la apacible siesta
el arpa santa una oración modula,
y en cuyo seno, enhiesta
levanta su pirámide Cholula
y la Malinche su empinada cresta.

Y nada igual tampoco
en horas de entusiasmo y de desvelos
soñó jamás el pensamiento loco,
como los claros cielos
que cubren la laguna de Texcoco
y de Ixtaxihuatl los eternos hielos.

Contentos y pesares

Chapultepec a los viajeros cuenta,
y al humo del incienso en los altares
noble, regia, opulenta,
en medio de sus bosques seculares
Tenoxtitlán magnífica se ostenta...

¡Tenoxtitlán! ¡Qué suerte!
¡Ya no más te veré! —La triste vida
los términos alcanza de la muerte;
que mi bien se despida
de ver su esposo y de tornar a verte,
¡y adiós! ¡Adiós, Tenoxtitlán querida!

VII

Esa canción
Conozco esa canción; ecos perdidos
sus notas son de plácidas historias;
que a sus dulces y lánguidos sonidos
desde mi edad de fáciles victorias
están acostumbrados mis oídos.

Una noche —¿te acuerdas?—recorrías
las teclas de marfil: tierno, amoroso,
mirándome en tus ojos me veías,
y tú con el intérprete armonioso
los misterios del alma me decías.

Sentado junto a ti, mi pensamiento
de la existencia mísera y precaria
las cuitas olvidó; y un vago acento,
preludio de una mística plegaria,
la fiebre estremeció del sentamiento.

Después, dichosa, angelical, serena,
alegraste mi hogar con tu sonrisa
y esa canción que de pesar me llena,
que viene en alas de la errante brisa
y en las bóvedas cóncavas resuena.

¿Qué cosas al espíritu agitado
no dirán esas voces gemidoras?
¿Qué no dirán al pobre encarcelado,
hablándole en las ansias de estas horas
de alegres tiempos del amor pasado?

Le dicen, ¡ay!, que su infortunio es cierto;
que dentro del pecho el corazón sucumba
y allí repose inanimado y yerto
cual reposa el cadáver en su tumba.

¡Porque es verdad que su esperanza ha
  muerto!

VIII   No más
Prisión, enfermedad, negras pasiones
contra mí desatadas;
¡y tantas, tan acerbas aflicciones
en un pecho mortal acumuladas!

¡Por la esposa infelice suspirando,
y de mi niña ausente,
y el soplo de la suerte marchitando
los pálidos laureles en mi frente!

¡Oh Dios!, ¡que así mi corazón heriste!

Recibe un alma tierna;
¡cierra las puertas de este mundo triste!
¡Abre las puertas de la patria eterna!

IX

No me olvides
Si el labio tuyo jamás me nombra,
y a Dios descanso por mí no pides,
del otro mundo vendrá mi sombra
para rogarte que no me olvides.
      Y una voz de agonía
      vibrará junto a ti,
      y dirá noche y día
      ¡acuérdate, alma mía,
      acuérdate de mí!

Si tú me llamas en tus dolores
y oyes un eco muy lastimero:
yo soy quien dice: —Mujer, no llores;
en el sepulcro, mi bien, te espero.
      Y si acaso decides
      no amar de nuevo aquí
      y amor al cielo pides;
      nunca mi amor olvides,
      ¡acuérdate de mi!

X

      La desgracia, es verdad, no viene sola;
cuando el piélago agita turbulento
su inmensa mole azul, y Dios apaga
la lumbrera del alto firmamento;
el bóreas bramador, ola tras ola
vertiginosa convulsión propaga.

Así, en la vida también, cuando el destino
marca las horas de infortunios llenas,
y sus alas los ábregos sacuden,
unas penas impulsan otras penas,
palpita el corazón, y en torbellino
todos los males a la vez acuden.

¡Paz y resignación! —ánimo fuerte
para ver deshacerse el dulce asilo
del doméstico hogar, y al furibundo
golpe que asesta sobre mí la suerte,
desnudo el pecho presentar tranquilo,
¡y que vacile y se desplome el mundo!

XI   La despedida
—¿Te despides al partir,
de la niña? —¡No, por Dios,
que por no hacerla sufrir
me iré sin decirle adiós!

—Si llama al padre, al tornar
de la escuela, ¿qué diré?
—Que por no verla llorar,
sin verla el padre se fue.

—Se fue mi padre, ¡ay de mí!
¿Por qué nos abandonó?
—¿Volverá muy pronto? —Sí.
—¿Volverá, muy pronto? No.

—¿Y he de abrazarle al volver?
—Si, niña, le abrazarás.

—Si hay un cielo podrá ser;
¿abrazarme aquí? ¡Jamás!

XII   Al despertar

   Despierto, oyendo angustiado
que la voz de un ser amado
me llama con ansiedad,
¡y en el sitio acostumbrado
busco el lecho de Piedad!

   ¡Qué juego de la pasión!
¡Su lecho...! ¡Qué desvarío!
¡Qué mentirosa ilusión!
—¡Si no hay más lecho que el mío
en esta oscura prisión!

XIII   En el arábigo idioma
Lulú significa perla,
y el creyente de Mahoma
llama a su novia Lulú.
Al verte de gracia llena
tu padre así te decía,
que por hermosa y por buena
perla en la casa eras tú.

El mismo nombre te daba
yo también algunas veces,
cuando decirte anhelaba
mi ternura y mi pasión;
y al estar en ti pensando,
hoy, en el fondo del alma,
una voz me está gritando:

«¡Lulú de mi corazón!»

XIV

Te mando, mi bien, un beso
y un suspiro desde aquí,
y sólo siento estar preso
por no hallarme junto a ti.

Mas como quiere la suerte
separarnos a los dos,
desde el umbral de la muerte
con el beso va un adiós.

Y como, aunque yo lo ansío,
no he de verte nunca más,
otro beso por el mío
en el Cielo me darás.

XV

A una golondrina
Mensajera peregrina,
que al pie de mi bartolina
revolando alegre estás,
¿de do vienes, golondrina?
Golondrina, ¿a dónde vas?

Has venido a esta región
en pos de flores y espumas,
y yo clamo en mi prisión
por las nieves y las brumas
del cielo del septentrión.

Bien quisiera contemplar

lo que tú dejar quisiste,
quisiera verme en el mar,
ver de nuevo el Norte triste,
ser golondrina y volar.

Quisiera a mi hogar volver
y allá, según mi costumbre,
sin desdichas que temer,
verme al amor de la lumbre
con mi niña y mi mujer.

Si el dulce bien que perdí
contigo manda un mensaje,
cuando tornes por aquí,
golondrina, sigue el viaje
y no te acuerdes de mí.

Que si buscas, peregrina,
do el ramaje un sauce inclina,
ningún sauce encontrarás;
y yo diré: —Golondrina,
golondrina, ¿a dónde vas?

No busques, volando inquieta,,
mi tumba oscura y secreta.
Golondrina, ¿no lo ves?

En la tumba del poeta
no hay un sauce ni un ciprés.

XVI   Infelicia
De mí se acuerdan, y mi encierro lloran

desconocidos seres,
jóvenes, ¡ay!, que de entusiasmo llenas,
del sonido de un arpa se enamoran,
soñadoras mujeres
amigas de mis versos y mis penas.

¡Y tú, ni una palabra de cariño
para anunciarme que tu amor no olvida
la intimidad de nuestro afecto, cuando
era yo casi niño,
y estaba en tu horizonte despuntando
la fúlgida alborada de tu vida!

Ese es el corazón; esa la historia,
que antigua historia de aflicciones era
en aquél que se vio, siglo fecundo,
descender la paloma de la gloria;
y del santo Jordán en la ribera
bajo sus alas renacer el mundo.

Cuando tu frente, ¡oh Cristo!, ensangrentaba
la corona de espinas y de abrojos,
¿dónde estaba Jetró? ¿Do, Jesús pío,
la viuda de Naín? ¿Y dónde estaba
aquél que, abriendo a tu clamor los ojos,
salió en Betania del sepulcro frío?

Al prorrumpir en tan dolientes quejas,
tras largos, lentos, azarosos días,
para advertirme que mi mal sentiste,
finge un amigo contemplar las rejas;
y me dice que tú, llorando triste,

memorias, ¡ay!, a la prisión me envías.

¡Memorias tuyas! ¡Y llorar piadosa!,
es recordarme en horas de martirio
mis muertas horas de descanso y calma,
y hablarme de una noche deliciosa,
de un beso, una lágrima, un delirio,
de la primera convulsión de un alma.

Del baile y de emociones fatigados,
salimos al jardín a errar dichosos;
enfrente de un ciprés nos detuvimos,
y en el sabroso platicar, sentados
al pie de unos resales olorosos,
¡oh, que cosas tan dulces nos dijimos!

Tu juventud con sus brillantes galas,
la música, tu voz, el claro cielo,
la presión de tu mano,
el céfiro noctivago en sus alas
débil hurtando en perezoso vuelo
los últimos aromas del verano,
todo alentaba la pasión ardiente;

Y alarmados, mujer, nuestros sentidos,
en busca de suspiros anhelantes,
hubo una vez en que al alzar la frente
mis labios atrevidos
tocaron en tus labios palpitantes.

Tocaron nada más. Firme constancia
me prometiste, y sin temor de engaños,

nos descubrimos el pasado entero:
alegres juegos en tu fresca infancia
y un ángel hechicero
todo el querer de mis floridos años.

«Infelice de mí!» —clamaste ansiosa—.
«¡Te quiso otra mujer! ¡Oh, suerte impía!»
Y te angustiaste al escuchar su nombre;
y entonces fue la lágrima copiosa,
cuando entendiste que albergar podía
más de un amor el corazón del hombre.

Viajando libre, a su placer perdido,
mi espíritu en el éter se espaciaba
por los orbes de luz del firmamento,
y algo pálido, azul, indefinido,
las auroras eternas presagiaba
y la vida inmortal del pensamiento.

Ingenua, melancólica, sensible,
mirándome inocente,
en mí depositaste tu confianza,
y en la mar bonancible
de la plácida edad adolescente
sus áncoras lanzó nuestra esperanza.

En presencia de Dios, con un suspiro,
dejamos el ciprés y los rosales,
y al vals animador tornando luego
sentimos las esferas celestiales
que en torno nuestro en caprichoso giro
volaban en atmósfera de fuego.

Después los votos, el adiós, la cita;
y más tarde la esquela,
al cauteloso conversar a solas;
tribulaciones e ilusión marchita,
un drama, una novela,
un gran naufragio en las mundanas olas.

Para nunca, jamás, volver a verte
los hados implacables
entre nosotros dos, dando un gemido,
como abriendo los antros de la muerte,
nos abrieron abismos insondables
de soledad, separación y olvido.

Y así llegar he visto prematura
mi estación del otoño; se detienen
las aguas al helarse en las orillas,
corona ya las cumbres nieve pura,
y a todo su correr, rápidos vienen
los tiempos de las hojas amarillas.

Sé que protegen las antiguas gracias
de tus mejillas las lozanas rosas,
y que nadan en luz tus negros ojos;
sé que en tus miserias y desgracias
envidia son de vírgenes hermosas
de tu belleza espléndidos despojos.

Y sé también que acrecen con las mías
las amarguras de tus hondas penas,
y que en este fatal, terrible instante,

con sangre de tus venas
contenta y generosa comprarías
la libertad de tu primer amante.

Lágrimas

Ave que cruzas callada
el mundo de mis delirios,
blanca azucena brotada,
en un vaso de cristal;
visión de todos mis días,
sueño de todas mis noches,
hermosa flor que vivías
con aliento mundanal.
¡Bella mujer! ¿qué te has hecho?
¿Por qué no siento tu mano
tocar mi frente y mi pecho,
y encender mi corazón?
Ave errante, ¿dónde fuiste?
¿Te has marchitado, azucena?
Sueño, ¿te desvaneciste?
¿Te evaporaste, visión?
¿Do están tus rayos, estrella?
¿Do te has ido, hija del cielo,
la del alma pura y bella,
la del rostro angelical?
¡Acaso en tus sinsabores
llorando está, mi adorada,
tus desdichados amores
y mi destino fatal!
Cuando la tierra se viste
con su ropaje de viuda,
y asoma la Luna triste
en la azulada región,
por mi mejilla descienden,

salobres y abrasadoras,
gotas, ¡ay!, que se desprenden
de mi enfermo corazón.
Porque a estas horas me acuerdo
de mi existencia pasada,
y en ella no hay un recuerdo
que amargo deje de ser.
De mi vida cada escena
es una historia de luto,
cada memoria una pena,
cada instante un padecer.
Entonces se me aparece
tu imagen de hada errante
que sobre la mar se mece
al morir radiante el Sol.
Entonces tus ojos miro
aun más negros que la noche,
y en tu hermosa faz admiro
las tintes del caracol.
Entonces, saben los cielos
que me acusa la conciencia
proporcionarte desvelos
con mi torpe ingratitud,
¡y sabe Dios, alma mía,
que tu tormento y tu llanto
contribuyeron un día
a entristecer mi laúd!
Sobre sus cuerdas rodaron,
una tras otras perdidas,
las lágrimas que brotaron
tus ojos en tu aflicción.
Desahogando tus pasiones

al descender temblorosas,
formaron lánguidos
con su tenue vibración.
Son perlas, ángel divino,
que valen más que mi vida,
y aun más de lo que el destino
me quisiera conceder,
¡oh! ¡si pudiera beberlas,
yo en mi pecho guardaría
esas blanquísimas perlas
que están secando tu ser!
¡Pero mi boca es impura,
y ese raudal de diamantes
presta brillo a tu hermosura
y consuelo a tu dolor!
Mis labios tu faz tocando
no habrán de mancharla, hermosa,
tú estás de amores llorando,
¡y quiero verte llorar...!

Morir de amor

Ven, pajarillo, a mis prados,
ven a posarte en sus calles
sobre un lirio de los valles,
sobre un ciprés temblador;
alégrame con tus trinos,
muestra al Sol tus lindas galas,
y arrúllame con tus alas
que estoy muriendo de amor.
Sauce verde en cuyas hojas
la Luna su rayo quiebra,
cuyas ramas te celebra
el viento murmurador;
tú que en horas de ventura
susurrando me dormiste,
concédele sombra al triste
que está muriendo de amor.
Te mandé un suspiro anoche,
mas puede haberse perdido,
y acaso estará escondido
en la copa de una flor;
o errante sobre una fuente
tal vez mi mensaje olvida,
y no te anuncia, ¡oh Mercida!,
que estoy muriendo de amor.
Tú que a vivir me enseñaste,
tú que mis penas consuelas,
querubín que alegre vuelas
en torno del trovador,
déjame aspirar la esencia

que de tus labios exhalas,
y cúbreme con tus alas
que estoy muriendo de amor.

Introducción

Al salir temblando Véspero
del seno azul de los mares,
viene a besarme la frente
la musa de mis romances.
Mas no penséis que en mi espíritu
se entronicen vanidades,
porque yo mismo lo he dicho:
¡mi esperanza es un cadáver!
Yo canto como los pájaros,
yo entonces lanzo a los aires
en la voz de la alegría
la expresión de hondos pesares.
Morirá mi acento lánguido,
y si algún eco dejare
en la atmósfera del siglo,
no podrá ofender a nadie.
¿Qué hallaréis en estas páginas?
Unas baladas fugaces
en que a las brisas del mundo
el alma sus flores abre;
Recuerdos de nieblas lúgubres,
melodías de los valles,
himnos del cielo en el golfo,
tristes lamentos de un sauce;
Que ese Sol que baja pálido
tras mis montañas natales,
y ese murmullo del bosque
que vaga en ondas errantes;
¡Me anuncian, ¡ay!, el crepúsculo

de una ilusión adorable,
la noche en mi pensamiento,
y en mi corazón la tarde!

En días de esclavitud

Muéveme el buque y la apiñada gente
se apresura, se va, vuelve, se agita
monta el ancla en la proa el corvo diente,
y el opreso vapor se escapa y grita.
Se abrazan los amigos angustiados,
llega el instante del partir supremo,
sepáranse las barcas de los lados
y el agua surcan al compás del remo.
Al soplo de la brisa gemidora
colúmpase la nave y se adelanta,
rompe el mar con su cortante proa
y espuma hirviente en su redor levanta.
Pensando en el pasado y lo futuro,
tendida como un cisne sobre el llano,
quédase al pie del artillado muro
la señora del Golfo Mexicano.
Y ya la cabellera oscura ondea
del humo vago en la región vacía,
y sobre el tope el pabellón flamea,
y partimos... y ¡adiós, oh patria mía!
Vienen de la ciudad voces lejanas
que el desgraciado corazón oprimen,
y al toque de oración de las campanas
los ecos tristes de la tarde gimen.
Asoman solitarias las estrellas,
y engalanan las orlas del espacio
las tintas melancólicas y bellas
del ópalo, las perlas y el topacio.
Empieza a vacilar la incierta raya

que dibujan las costas y los montes,
húndese las palmeras de la playa
y se visten de azul los horizontes.
El Sol, al ver la Luna, corta el paso;
y se ven suspendidos, frente a frente,
un globo de oro y sangre en el Ocaso
y un globo de alabastro en el Oriente.
¿Y adónde vamos? ¡Ay!, mejor sería,
en vez de errar sobre volubles olas,
estar mirando fenecer el día
desde el umbral de nuestro albergue a solas.
Errante, silencioso y descuidado,
más me pluguiera, en el agreste asilo
de algún bosque secreto y apartado,
lejos del mundo suspirar tranquilo.
¿Qué nos fuerza a emigrar? Si yo quisiera
vivir del deshonor y la perfidia,
volver a Cuba y despertar pudiera
de viles gentes la rabiosa envidia.
Que allá, para morar como los brutos,
basta ser el oprobio indiferente,
llevar a Claudio Cesar los tributos,
postrarse humilde y doblegar la frente.
Basta seguir de la lisonja el gremio
para gozar imperturbable calma,
por torpes vicios merecer un premio
y de una vez sacrificar el alma.
¿Por qué dejamos la mansión querida
donde vimos la luz? ¿Por qué la suerte
cambia estos campos de esplendor y vida
por otros, ¡ay! de oscuridad y muerte?
Porque buscamos libertad y vemos

la fe perdida y la existencia ajada,
y ya no más sobrellevar podemos
la esclavitud de nuestra tierra amada;
porque nos niega su favor el cielo,
y tú, ¡rudo opresor!, no nos cedistes
¡ni un solo palmo en nuestro mismo suelo
para aterrar a nuestros hijos tristes!
¡Señor, Señor, el pájaro perdido
puede hallar en los bosques el sustento,
en cualquier árbol fabricar su nido
y a cualquier hora atravesar el viento.
¡Y el hombre, el dueño que a la tierra envías
armado para entrar en la contienda,
no sabe, al despertar todos los días,
en qué desierto plantará su tienda!
Dejas que el blanco cisne de la laguna
los dulces besos del terral aguarde,
jugando con el brillo de la Luna,
nadando entre el reflejo de la tarde.
¡Y a mí, Señor, a mí no se me alcanza
en medio de la mar embravecida,
lugar con la ilusión y la esperanza
en esta triste noche de la vida!
Esparce su perfume la azucena
sin lastimar su cáliz delicado
y si yo llego a descubrir mi pena,
me queda el corazón despedazado.
¿Y quién soy yo? ¡Poeta vagabundo
que vengo como réprobo maldito
a cantar una hora en este mundo
en presencia de Dios y lo infinito!
Vengo a pulsar el arpa en breve instante,

y en mi suerte más bella solo espero
encontrar mi sepulcro, como Dante,
por las sendas, tal vez, del extranjero.
La estrella de mi siglo se ha eclipsado,
y en medio del dolor y el desconsuelo
el lirio de la fe se ha marchitado
y no hay escala que conduzca al cielo.
Van los pueblos a orar al templo santo
y llevan una lámpara mezquina,
y el Cristo allí sobre la cruz, en tanto,
abre los brazos y la frente inclina.
Voluptuoso el amor en los placeres
no busca mirtos, ni laurel aguarda,
y cubren con un velo las mujeres
el ángel adormido en su guarda.
Tengo el alma, Señor, adolorida
por unas penas que no tienen nombres,
y no me culpes, no, porque te pida
otra patria, otro siglo y otros hombres;
que aquella edad con que soñé no asoma;
con mi país de promisión no acierto;
¡mis tiempos son los de la antigua Roma,
y mis hermanos con la Grecia han muerto

Morir de amor

Ven, pajarillo, a mis prados,
ven a posarte en sus calles
sobre un lirio de los valles,
sobre un ciprés temblador;
alégrame con tus trinos,
muestra al Sol tus lindas galas,
y arrúllame con tus alas
que estoy muriendo de amor.
Sauce verde en cuyas hojas
la Luna su rayo quiebra,
cuyas ramas te celebra
el viento murmurador;
tú que en horas de ventura
susurrando me dormiste,
concédele sombra al triste
que está muriendo de amor.
Te mandé un suspiro anoche,
mas puede haberse perdido,
y acaso estará escondido
en la copa de una flor;
o errante sobre una fuente
tal vez mi mensaje olvida,
y no te anuncia, ¡oh Mercida!,
que estoy muriendo de amor.
Tú que a vivir me enseñaste,
tú que mis penas consuelas,
querubín que alegre vuelas
en torno del trovador,
déjame aspirar la esencia

que de tus labios exhalas,
y cúbreme con tus alas
que estoy muriendo de amor.

Libros a la carta

A la carta es un servicio especializado para
empresas,
librerías,
bibliotecas,
editoriales
y centros de enseñanza;
y permite confeccionar libros que, por su formato y concepción, sirven a los propósitos más específicos de estas instituciones.

Las empresas nos encargan ediciones personalizadas para marketing editorial o para regalos institucionales. Y los interesados solicitan, a título personal, ediciones antiguas, o no disponibles en el mercado; y las acompañan con notas y comentarios críticos.

Las ediciones tienen como apoyo un libro de estilo con todo tipo de referencias sobre los criterios de tratamiento tipográfico aplicados a nuestros libros que puede ser consultado en Linkgua-ediciones.com.

Linkgua edita por encargo diferentes versiones de una misma obra con distintos tratamientos ortotipográficos (actualizaciones de carácter divulgativo de un clásico, o versiones estrictamente fieles a la edición original de referencia).

Este servicio de ediciones a la carta le permitirá, si usted se dedica a la enseñanza, tener una forma de hacer pública su interpretación de un texto y, sobre una versión digitalizada «base», usted podrá introducir interpretaciones del texto fuente. Es un tópico que los profesores denuncien en clase los desmanes de una edición, o vayan comentando errores de interpretación de un texto y esta es una solución útil a esa necesidad del mundo académico.

Asimismo publicamos de manera sistemática, en un mismo catálogo, tesis doctorales y actas de congresos académicos, que son distribuidas a través de nuestra Web.

El servicio de «libros a la carta» funciona de dos formas.

1. Tenemos un fondo de libros digitalizados que usted puede personalizar en tiradas de al menos cinco ejemplares. Estas personalizaciones pueden ser de todo tipo: añadir notas de clase para uso de un grupo de estudiantes, introducir logos corporativos para uso con fines de marketing empresarial, etc. etc.

2. Buscamos libros descatalogados de otras editoriales y los reeditamos en tiradas cortas a petición de un cliente.